JUSTICE!!

Il arrive un moment où l'homme que l'on a abreuvé de calomnies et d'injures perd enfin patience et se décide à parler.

L'affaire Dreyfus est entrée aujourd'hui dans la période aigue.

On veut la lumière, la vérité est en marche.

Êtes-vous sûrs qu'elle soit en marche cette vérité que l'on réclame, que l'on attend et autour de laquelle se fait chaque jour l'obscurité?

Les journaux racontent des histoires à dormir debout, forgent des romans que Xavier de Montépin lui-même n'aurait jamais conçus et la nuit continue à peser sur les mystérieux dessous d'un drame qui affolle et révolutionne le pays.

Il faut en finir.

Tant pis pour ceux qui l'auront voulu!

On saura la vérité, toute la vérité. Bien des légendes vont s'envoler qui avaient été prises pour des réalités.

Les **masques** vont être levés et des figures mystérieuses s'étaleront au grand jour, honteuses comme des chauves-souris que surprennent les premiers rayons du soleil levant.

La surprise sera grande.

Ceux qui seront ainsi démasqués essaieront de se défendre, ils inonderont les journaux de lettres et de communiqués.

Ce sera peine perdue.

A l'appui des assertions s'ajouteront des lettres, des autographes, des lettres photographiées qui réduiront à néant tous les démentis.

ON CONNAITRA VRAIMENT LE TRAITRE.

Ceux qui voudront protester seront cloués au pilori.

La tâche est rude, elle est surtout délicate.

Mais celui qui entreprend de dire ici la vérité, toute la vérité est sûr de lui.

Il n'avancera rien qu'il ne puisse prouver.

Il saura, sans parti pris, établir les responsabilités sans se soucier des menaces de ceux qui n'auront pas voulu écouter la voix de la JUSTICE.

CHAPITRE PREMIER

LE BORDEREAU

L'espionnage. — Comment le commandant Estherhazy entra en relations avec l'Etat-Major. — La vérité sur la dame voilée. — L'espion Müller, lieutenant de hulans.

L'espionnage est une science qui demande un grand talent d'observation et surtout beaucoup d'intelligence et de finesse.

Le grand art des espions est de tromper le voisin et de lui soutirer ses secrets.

L'une des méthodes consiste à servir comme amorce d'autres prétendus secrets qui sont tous faux.

Une autre méthode est d'acheter tout simplement des documents moyennant une somme variable suivant l'importance des pièces livrées.

Enfin, la dernière est d'employer un espion qui, comme un fonctionaire du gouvernement étranger touche des émoluments et peut-être, à la fin, une pension, en échange des services rendus.

La plus haute classe de gens ainsi employés est formée d'espions du grand monde, à savoir d'officiers, de diplomates et surtout de femmes spécialement séduisantes, comme la fameuse Mme de Kaulla qui fit tant parler d'elle à un moment.

Une seconde catégorie est composée de traîtres purs et simples.

L'ORGANISATION DE L'ESPIONNAGE

Quelle est maintenant l'organisation de l'espionnage ?

Je commencerai par l'espionnage militaire, réservant pour la fin l'espionnage aristocratique.

La guerre de 1870 a révélé à la France un système d'espionnage jusque-là inconnu

Les Allemands étaient informés de toutes les ressources de notre pays et possédaient d'excellentes cartes dont les indications avaient été fournies par des gens qui avaient vécu chez nous.

Beaucoup de Français de l'Est, reconnurent en effet dans les guides allemands certains employés qui avaient occupé en France une situation administrative.

Lors de la réorganisation de l'armée française en 1872, l'Etat-Major décida d'établir un système semblable et l'on forma le second bureau du Ministère de la Guerre.

L'un des principaux organisateurs de ce service fut le colonel Jung, ensuite général à Dunkerque qui épousa une jolie étrangère nommée Marie de Kaülla.

Cette femme n'était qu'une espionne au service de l'Allemagne et son procès fit sensation, il y a environ quinze ans.

Celui qui fit arrêter Marie de Kaulla était un espion des plus perspicaces dont j'aurai l'occasion de reparler au cours de cette publication.

Cet individu a joué un rôle des plus importants.

Un jour il a été « brûlé » et on s'est aperçu qu'il trahissait à la fois l'Allemagne son pays d'origine et la France son pays d'adoption.

Il émargeait en même temps rue Saint-Dominique et 27, Elisabeth Strass à Berlin.

LE DEUXIÈME BUREAU

Le deuxième bureau, ce bureau dont on a tant parlé a toujours bien fonctionné.

On pourra en juger sur ce qui suit.

Ici se place un épisode qui se passa sous le général Boulanger à la fin d'avril 1887, pendant l'affaire Schnaebelé, ce commissaire de police français qui fut attiré dans une embuscade par le commissaire prussien Gautsch.

La France était prête à la guerre.

Le général Boulanger la voulait.

Il avait donné l'ordre de mobiliser le 6e corps et les brigades de cavaleries indépendantes avaient tout préparé.

On n'attendait que l'ordre de partir pour la frontière.

L'Allemagne de son côté prenait des mesures analogues.

A cette époque une partie des troupes allemandes étaient armées de fusils à répétition, surtout les 15e et 16e corps (Strasbourg et Metz).

L'Etat-Major Prussien qui s'attendait à ce que les hostilités éclatassent envoya un télégramme aux chefs des réglments de ces deux corps leur ordonnant de partir, au premier signal, avec leurs troupes armées simplement de fusils et ayant 360 cartouches par homme pour tout bagage.

Le but était de faire pleuvoir sur les Français qui n'avaient pas encore le fusil Lebel une véritable grêle de balles afin de leur montrer la supériorité de l'armement allemand et de les démoraliser, si possible, dès le début.

Or, un jour après l'envoi de cette dépêche, le Ministre de la Guerre français en recevait la copie par un de nos espions.

Il télégraphia aussitôt aux colonels des régiments de Toul, Verdun et Belfort et les engagea à expliquer à leurs troupes que seulement un petit nombre de régiments allemands étaient pourvus de ce fusil à répétition et que les chances seraient égales dès que la concentration des armées serait faite.

Il prescrivait aux chefs de corps d'éviter de combattre en terrain découvert et de protéger leurs troupes contre le feu de l'ennemi.

On voit par ce qui précède que notre service d'espionnage était bien organisé en 1887.

L'ÉTAT-MAJOR ALLEMAND

Passons maintenant au service d'espionnage de l'Etat-Major allemand.

Ce service est actuellement sous les ordres d'un chef qui communique directement avec l'Empereur Guillaume II et a sous ses ordres trente subordonnés qui ne font de rapports qu'à lui seul.

Ils forment quatre sections que j'ai eu l'occasion d'étudier de près :

1° La France et l'Angleterre ;

2° La Triple-Alliance ;

3° La Russie, la Suède et la Turquie ;

4° Le reste de l'Europe, les Etats-Unis et le Japon.

La première section est de beaucoup la plus importante.

Elle a son centre à Bruxelles d'où elle rayonne sur la France et l'Angleterre au moyen d'officiers de réserve de l'armée allemande qui sont les principaux espions et d'anciens sous-officiers du génie assistés d'agents secondaires, pour la plupart suisses et belges.

Ces gens sont fort bien renseignés.

Ils viennent à Paris fréquemment et sont en rapports avec des espions autrichiens et italiens.

En 1888 ces agents qui sont fort habiles avaient loué un appartement au cinquième étage rue Saint-Dominique, à deux pas du Ministère de la Guerre.

Sur le toit de cette maison ils avaient installé un pigeonnier.

Chaque jour une dépêche tube était introduite dans la plume d'un pigeon auquel on ouvrait aussitôt la porte du colombier.

Deux jours après la réponse arrivait avec des instructions de l'état-major allemand.

Ce manège eut pu durer longtemps sans l'indiscrétion d'un agent allemand qui « touchait cinq cents francs par mois à l'état-major français.

Cet espion, nommé Ghetzen, était un homme des plus pratiques. Il servait en même temps l'Allemagne et savait se rendre utile et *précieux* en France.

C'est lui qui à la fin de 1893 avertit l'état-major français que des « fuites » allaient se produire dans le deuxième bureau des renseignements.

(La suite au prochain numéro.)

Paris. — Léon HAYARD, Imprimeur-Éditeur, 146, rue Montmatre.

www.ingramcontent.com/pod-product-compliance
Lightning Source LLC
Chambersburg PA
CBHW051506060726
47596CB00007B/2938